Gesetzes-Materialien und Schrifttum

zur

Reichsverfassung 1919

Zusammengestellt nach amtlichen Quellen von

Paul Hübel,

Ministerial-Oberinspektor,
verw. in der Bibliothek des Bayer. Staatsministeriums der Justiz.

München, Berlin, Leipzig
J. Schweitzer Verlag (Arthur Sellier).
1927

Druck von Dr. F. P. Datterer & Cie., Freising-München

I. Gesetzes-Materialien.

II. Verzeichnis des Schrifttums.

I. Gesetzes-Materialien.

A. Reichstag.

Verfassung.

1 A. Reichsverfassung von 1871. Vorzüge, Mängel:
Bd. 326, 17. Sitz. S. 379 B, 385 A, 390 B, 396 A.
19. Sitz. S. 450 D, 463 A.
20. Sitz. S. 491 C, 499 C.
Bd. 328, 70. Sitz. S. 2093 C, 2101 C.

B. Notverfassung; Übergangsgesetz.
1. Entwurf eines Gesetzes über die vorläufige Reichsgewalt: Bd. 335, Nr. 3.
I. B.: Bd. 326, 3. Sitz. S. 12 C.
II. B.: Ab.-Antr. Bd. 335, Nr. 7.
Bd. 326, 4. Sitz. S. 18 C.
III. B.: 326, 4. Sitz. S. 32 D.
Beschlüsse: Bd. 335, Nr. 10.

2 **Gesetz vom 10. Februar 1919, RGBl. S. 169**

2. Entwurf eines Übergangsgesetzes: Bd. 335, Nr. 43.
I. B.: Bd. 326, 16. Sitz. S. 344 C.
II. B.: Ab.-Antr. Bd. 335, Nr. 65 (abgeändert), 74, 78.
Bd. 326, 16. Sitz. S. 364 D.
Beschlüsse: Bd. 335, Nr. 93.
III. B.: Bd. 326, 17. Sitz. S. 371 B (von der Tagesordnung abgesetzt).
18. Sitz. S. 418 C.
Beschlüsse: Bd. 335, Nr. 100.

3 **Gesetz vom 4. März 1919, RGBl. S. 285**

4 3. Verordnungen der Volksbeauftragten und Reichsregierung
Verzeichnis der von dem Rate der Volksbeauftragten oder der Reichsregierung erlassenen und verkündeten Verordnungen: Bd. 335, Nr. 223.
Rechtsgültigkeit; Nachprüfung, Außerkraftsetzung durch die Nationalversammlung; Frist der Nachprüfung.
Antrag Arnstadt u. Gen.: Bd. 335, Nr. 12. — Unerledigt.
Bd. 326, 16. Sitz. S. 345 D, 349 D, 351 A, 352 B, 353 C, 354 B, 355 B, 357 A, D, 359 B, 360 B, 363 B, 364 A.
18. Sitz. S. 419 D, 423 A, 433 D, 442 C.

Frage der Gültigkeit der nach dem 10. Februar 1919 veröffentlichten Verordnungen: Bd. 326, 16. Sitz. S. 347 D, 348 D, 349 D, 351 C, 354 C, 361 A, 362 C.

Überweisung an Ausschüsse der Nationalversammlung: Bd. 326, 16. Sitz. S. 364 D, 366 B.

Verlängerung der Frist für die Nachprüfung.

Antrag Arnstadt u. Gen.: Entwurf eines Gesetzes, betr. die Abänderung des Übergangsgesetzes vom 4. März 1919 (RGBl. Nr. 285): Bd. 337, Nr. 360. — Unerledigt.

Anfrage Schiffer (Magdeburg), Weinhausen: Bd. 337, Nr. 367. — Antwort: Bd. 337, Nr. 412.

C. Reichsverfassung von 1919.

1. Entwurf einer Verfassung des Deutschen Reichs: Bd. 335, Nr. 59.

Begründung: Bd. 326, 14. Sitz. S. 284 B.

I. B.: Bd. 326, 17. Sitz. S. 371 B.
19. Sitz. S. 449 D.
20. Sitz. S. 485 D.

Protokolle des Verfassungsausschusses mit Sachregister: Bd. 336, Nr. 391.

Mündl. Bericht des 8. Aussch.: Bd. 336, Nr. 391 zu Nr. 391.

II. B.: Ab.-Antr. Bd. 337, Nr. 413, 419, 420, 422, 424, 427 (abgeändert), 428, 435, 437, 439—441, 442 (berichtigt), 445, 448, 449, 450, 453 bis 460, 462, 463, 467—475, 477, 479—488, 490, 492—494, 502, 509, 510, 517, 539—549, 565—568, 575, 577, 579, 580, 586—591, 610 bis 614, 631, 632, 636, 639.

Bd. 327, 44. Sitz. S. 1200 D.
45. Sitz. S. 1238 D.
46. Sitz. S. 1281 A.
47. Sitz. S. 1318 B.
48. Sitz. S. 1350 C.
49. Sitz. S. 1352 A.
Bd. 328, 53. Sitz. S. 1462 B.
54. Sitz. S. 1495 A.
57. Sitz. S. 1557 A.
58. Sitz. S. 1584 A.
59. Sitz. S. 1620 D.
60. Sitz. S. 1673 A.
62. Sitz. S. 1748 A.
63. Sitz. S. 1800 B.

Beschlüsse: Bd. 337, Nr. 656.

III. B.: Ab.-Antr. Bd. 337, Nr. 665, 666, 679, 680, 688, 690, 691; Bd. 338, Nr. 697, 703, 704, 706—711, 713, 715, 716, 724—732, 734 bis 738, 740—741.

Bd. 328, 69. Sitz. S. 2071 B.
70. Sitz. S. 2088 C.
Bd. 329, 71. Sitz. S. 2141 B.

Beschlüsse: Bd. 338, Nr. 780.

5 **Gesetz vom 11. August 1919. RGBl. S. 1383.**

Entschließungen: Bd. 337, Nr. 392, 639 unter 3, 640, 680 unter 10. Bd. 338, Nr. 701, 702, 712.

Petitionen: Bd. 329, 71. Sitz. S. 2193 C. — Für erledigt erklärt.

Namentliche Abstimmungen:

6 1. über die Reichsfarben (schwarz-weiß-rot): Bd. 327, 45. Sitz. S. 1245 C.

7 2. über die Reichsfarben (schwarz-rot-gold): Bd. 327, 45. Sitz. S. 1245 D.

8 3. über die Wahlperiode des Reichstags (fünf Jahre): Bd. 327, 46. Sitz. S. 1288 B.

9 4. über die staatsbürgerlichen Rechte der Frauen: Bd. 328, 57. Sitz. S. 1568 D.

10 5. über die Abschaffung des Adels: Bd. 328, 57. Sitz. S. 1569 B.

11 6. über die Abschaffung der Todesstrafe: Bd. 328, 58. Sitz. S. 1589 D.

12 7. über die Rechtsstellung der unehelichen Kinder: Bd. 328, 59. Sitz. S. 1623 B.

13 8. über die Neubildung von Ländern: Bd. 328, 63. Sitz. S. 1817 C.

14 9. über die Aufhebung privater Regale und Mutungsrechte: Bd. 328, 63. Sitz. S. 1819 D.

15 10. über den Ausschluß der Mitglieder früherer landesherrlicher Familien von der Wählbarkeit zum Reichspräsidenten: Bd. 329, 71. Sitz. S. 2191 C.

16 11. Gesamtabstimmung: Bd. 329, 71. Sitz. S. 2193 C. — Angenommen mit 262 gegen 75 Stimmen bei 1 Stimmenthaltung.

2. Entwurf eines Gesetzes zur Ergänzung des Artikels 34 des Entwurfs einer Verfassung des Deutschen Reichs (Betriebsräte): Bd. 335, Nr. 385.
I. B.: Bd. 328, 62. Sitz. S. 1772 C, 1778 C.
II. B.: Bd. 328, 62. Sitz. S. 1784 A.
63. Sitz. S. 1818 D, (Abstimmung).

17 III. B.: siehe unter C 1.

3. Entwurf eines Gesetzes zur Ausführung des Artikels 13 Abs. 2 der Verfassung des Deutschen Reichs (Entscheidung der Meinungsverschiedenheiten durch das Reichsgericht; Verfahren): Bd. 341, Nr. 2056.
I. B.: Bd. 332, 141. Sitz. S. 4523 D. Mündl. Ber. d. 8. Aussch.: Bd. 341, Nr. 2386.
II. B.: Ab.-Antr. Bd. 341, Nr. 2431. Bd. 332, 155. Sitz. S. 4887 D.
III. B.: Bd. 332, 155. Sitz. S. 4889 A.

18 **Gesetz vom 8. April 1920, RGBl. S. 510.**

4. Notenwechsel zwischen Deutschland und den alliierten und assoziierten Mächten und das am 22. September 1919 in Versailles unterzeichnete Protokoll über den Artikel 61 Abs. 2 der Verfassung des Deutschen Reichs (Anschluß Österreichs): Bd. 340, Nr. 1793.

19 I., II. und III. B.: Bd. 331, 133. Sitz. S. 4152 D.

5. Übergang von der alten zur neuen Verfassung (Rechtskontinuität): Bd. 327, 44. Sitz. S. 1209 A, 1213 A.

Weitere Rechtsgültigkeit der Anordnungen der Behörden auf Grund der bisherigen Gesetze: Bd. 328, 63. Sitz. S. 1830 C.

20 6. Einzelnes aus der Entstehung und Beratung. Petition, betr. Veranstaltung eines Preisausschreibens zur Erlangung von Entwürfen zu einer Reichsverfassung usw.

21 Mündl. Ber. d. Pet.-Aussch.: Bd. 339, Nr. 1381 unter V.
Bd. 331, 113. Sitz. S. 3635 C. — Für erledigt erklärt.

22 Erster Entwurf des Ministers Dr. Preuß, Grundgedanken:
Bd. 326, 17. Sitz. S. 384 A.
19. Sitz. S. 452 B.
Bd. 328, 69. Sitz. S. 2073 B.

23 Illusionspolitik in der Verfassung:
Bd. 327, 44. Sitz. S. 1217 C.
Bd. 328, 70. Sitz. S. 2090 C.

24 Friedensvertrag, Einwirkung einzelner Bestimmungen auf die Verfassung: Bd. 328, 63. Sitz. S. 1830 C. Petition, betr. Abänderung der Reichsverfassung auf Verlangen der Entente.
Mündl. Ber. d. Pet.-Aussch.: Bd. 341, Nr. 2374 unter IV i.
Bd. 333, 164. Sitz. S. 5235 C. — Übergang zur Tagesordnung.

25 Rechtssprache der Verfassung: Bd. 327, 46. Sitz. S. 1283 A, D.

26 Verfassungsausschuß, Überblick über seine Arbeit: Bd. 327, 44. Sitz. S. 1201 D.

27 Volksabstimmung in Bayern über die Reichsverfassung: Bd. 332, 139. Sitz. S. 4446 D, 4451 C, 4452 D, 4455 D, 4460 A.

28 Ansprachen aus Anlaß der Verabschiedung der Verfassung: Bd. 331, 71. Sitz. S. 2193 D, 2194 B, 2195 B.

1. Ausführung der Reichsgesetze.

29 Ausführung der Reichsgesetze: Bd. 327, 44. Sitz. S. 1207 C.

30 Reichsaufsicht über die Ausführung der Reichsgesetze: Bd. 327, 44. Sitz. S. 1208 A.

31 Zustimmung eines ständigen Reichstagsausschusses beim Erlaß von Ausführungsbestimmungen zu Reichsgesetzen.
a) Entschließung d. 11. Aussch.: Bd. 339, Nr. 1460.
Ab.-Antr.: Bd. 339, Nr. 1511 unter 8.
b) Entschließung D. Mumm u. Gen.: Bd. 340, Nr. 1600.
Bd. 331, 117. Sitz. S. 3729 B.
120. Sitz. S. 3809 D, 3825 C. — Entschließung b angenommen.

2. Auswärtige Politik.

32 Kriegserklärung und Friedensschluß: Bd. 327, 47. Sitz. S. 1319 A, C, 1320 A, C, 1321 A.
Bündnisverträge. Frage der Zustimmung des Reichstags: Bd. 327, 47. Sitz. S. 1319 B, 1320 A, C, D.

3. Gesetzgebung, Zuständigkeit.

33 Organe: Bd. 327, 47. Sitz. S. 1344 D.
Reichsrecht bricht Landrecht: Bd. 327, 44. Sitz. S. 1207 A.
Entscheidung von Meinungsverschiedenheiten über die Vereinbarkeit von landesrechtlichen Vorschriften und Reichsrecht; Entscheidung durch einen obersten Gerichtshof:
Bd. 327, 44. Sitz. S. 1207 B.
45. Sitz. S. 1254 C, 1255 A.
Siehe auch unter C 3.

34 Verhältnis von Reichsrecht und Völkerrecht: Bd. 327, 44. Sitz. S. 1207 C.

35 Verkündung der Reichsgesetze: Bd. 327, 47. Sitz. S. 1346 A.

36 Aussetzung der Verkündung: Bd. 327, 49. Sitz. S. 1355 B.

37 Zuständigkeit, Abgrenzung:
Bd. 326, 14. Sitz. S. 286 C.
17. Sitz. S. 394 A, 398 C.
19. Sitz. S. 467 D.
Bd. 327, 44. Sitz. S. 1206 B.
45. Sitz. S. 1239 C, 1246 A.

38 Konkurrierende Gesetzgebung auf dem Gebiet des Steuerwesens:
Bd. 332, 149. Sitz. S. 4708 D, 4710 A, 4718 B.
154. Sitz. S. 4871 B.

4. Länder.

39 a) Territoriale Gestaltung; Neubildung:
Bd. 326, 14. Sitz. S. 287 D, 288 D.
17. Sitz. S. 378 C, 388 C, 398 B, 404 C.
19. Sitz. S. 452 A, 455 A.
Bd. 327, 44. Sitz. S. 1205 C.
Bd. 328, 63. Sitz. S. 1800 B, 1817 C.
(Namentliche Abstimmung).
Bd. 329, 71. Sitz. S. 2142 A.

40 Selbstbestimmungsrecht, Verfahren, Abstimmungsverhältnis:
Bd. 328, 63. Sitz. S. 1801 A, 1805 C, 1808 B, 1813 D.
Bd. 329, 71. Sitz. S. 2142 B, 2149 C, 2151 A, 2155 C.

41 Verfassungsänderndes oder einfaches Reichsgesetz:
Bd. 327, 44. Sitz. S. 1206 A.
Bd. 328, 63. Sitz. S. 1800 C, 1802 B, 1804 A, 1805 B, 1807 A, 1809 D, 1812 A.
Bd. 329, 71. Sitz. S. 2147 B, 2149 C.

42 Sperrfrist:
Bd. 328, 63. Sitz S. 1801 B, 1804 A, 1807 B, 1809 B, 1811 D, 1815 B.
Bd. 329, 71. Sitz. S. 2149 D.

43 Beseitigung der Kleinstaaten von Reichs wegen, Aufstellung eines Plans.
Entschließung d. 8. Aussch.: Bd. 337, Nr. 392 unter 2.

Ab.-Antr.: Bd. 337, Nr. 639 unter 3.
Bd. 327, 47. Sitz. S. 1342 A.
Bd. 328, 63. Sitz. S. 1839 B. — Ab.-Antr. Nr. 639 angenommen.

44 Reichsvermittlungsstelle für die Neubildung von Ländern, Errichtung beim Reichsministerium des Innern.
Entschließung d. 8. Aussch.: Bd. 337, Nr. 392 unter 1.
Bd. 328, 63. Sitz. S. 1838 B, 1839 B. — Angenommen.
Ferner: Bd. 330, 100. Sitz. S. 3170 A.

45 Petition, betr. Neugliederung des Reichs.
Mündl. Ber. d. Pet. Aussch.: Bd. 343, Nr. 2859 unter III i.
Bd. 333, 176. Sitz. S. 5684 D. — Überweisung zur Kenntnisnahme.

46 b) Gesandtschaftsrecht der Länder:
Bd. 326, 14. Sitz. S. 286 C.
Bd. 330, 106. Sitz. S. 3354 A, 3386 B.
107. Sitz. S. 3394 D.
Bd. 333, 171. Sitz. S. 5475 B.

47 c) Reservatrechte, Aufrechterhaltung oder Beseitigung:
Bd. 326, 14. Sitz. S. 286 D.
17. Sitz. S. 385 D, 397 B.
19. Sitz. S. 453 B, 469 A.
Bd. 327, 45. Sitz. S. 1241 B.

48 d) Verfassung, Wahlrecht.
Antrag Dr. Heinze und Gen.: Bd. 335, Nr. 8 unter 2. — Unerledigt.
Bd. 326, 14. Sitz. S. 286 B.
17. Sitz. S. 398 B.
19. Sitz. S. 452 A.
Bd. 327, 45. Sitz. S. 1255 C, 1256 C, 1258 B, 1259 B, 1260 C, 1261 C.

49 5. Name des Reichs:
Bd. 326, 14. Sitz. S. 285 A.
17. Sitz. S. 372 A.
Bd. 327, 44. Sitz. S. 1205 A, 1209 B, 1211 D, 1212 D, 1214 A, 1215 C.

6. Staatsbegriff; Staatsform.

50 a) Begriff des Staates; Volkswille und Staats- bzw. Reichsgewalt:
Bd. 326, 17. Sitz. S. 378 D.

51 b) Einführung der demokratischen Republik:
Bd. 326, 6. Sitz. S. 52 D, 53 D, 56 A.
8. Sitz. S. 117 D.
11. Sitz. S. 194 B.
14. Sitz. S. 285 A.
17. Sitz. S. 391 B.
Bd. 327, 44. Sitz. S. 1205 B, 1215 C.
Bd. 328, 69. Sitz. S. 2072 A.
70. Sitz. S. 2103 B.
Bd. 331, 130. Sitz. S. 4070 C.

52 Wesen der Demokratie:
Bd. 326, 2. Sitz. S. 9 A.
Bd. 327, 45. Sitz. S. 1257 C, 1258 D.
46. Sitz. S. 1293 C.
Bd. 328, 53. Sitz. S. 1471 B, 1472 A.

53 Schaffung einer sozialen Republik: Bd. 328, 69. Sitz. S. 2075 A, 2082 A.

54 Errichtung eines sozialistischen Volksstaates: Bd. 326, 17. Sitz. S. 401 A.

55 c) Monarchie, Bedeutung für Deutschland; Frage der Wiederherstellung:

Bd. 328, 63. Sitz. S. 1811 B.
70. Sitz. S. 2090 B.
Siehe auch unter D 4.

64 7. Verfassungsänderungen: Erfordernisse:
Bd. 326, 14. Sitz. S. 292 C.
17. Sitz. S. 386 B.
19. Sitz. S. 478 B.
Bd. 327, 47. Sitz. S. 1346 B.

65 1. Änderung der Reichsverfassung im Sinne des Föderalismus, bayerische Denkschrift:
Bd. 361, 387. Sitz. S. 12 077 D.
402. Sitz. S. 12 516 A.
403. Sitz. S. 12 535 B.
407. Sitz. S. 12 667 D, 12 668 A.
409. Sitz. S. 12 741 B.

66 Richtlinien für einen Gesetzentwurf.
Antrag Leicht u. Gen.: Bd. 380, Nr. 6330. — Unerledigt.
Bd. 361, 407. Sitz. S. 12 674 B.

67 Einsetzung eines Ausschusses zur Überprüfung der Verfassung.
Antrag Hergt u. Gen.: Bd. 380, Nr. 6296. — Unerledigt.
Bd. 361, 407. Sitz. S. 12 674 D.

68 2. Gesetzgebung.
Beratung und endgültige Beschlußfassung von Gesetzen durch Reichstagsausschüsse.
Anträge Schiffer u. Gen.: Bd. 365, Nr. 1381, 1382. — Unerledigt.
Bd. 348, 79. Sitz. S. 2776 D.
Bd. 357, 269. Sitz. S. 9054 C, 9058 B.

69 3. Länder.
a) Territoriale Gestaltung, Neubildung:
Bd. 345, 23. Sitz. S. 824 C, 830 A, 842 B.
25. Sitz. S. 911 B.
Bd. 353, 186. Sitz. S. 6262 A, 6263 C, 6265 A, 6266 A, D.
193. Sitz. S. 6455 B.
Bd. 358, 302. Sitz. S. 9748 D.

Einverleibung von Waldeck, Lippe-Detmold, Schaumburg-Lippe sowie der versprengten Teile Oldenburgs, Braunschweigs und Anhalts in Preußen, der Gebiete Suhl-Schmalkalden in Thüringen, Hohenzollern, Sigmaringen in Württemberg und Wilhelmshaven in Oldenburg, Umwandlung der Landesregierungen zu Organen der Selbstverwaltung im Rahmen einer deutschen Einheitsrepublik.
Entschließung Koenen: Bd. 372, Nr. 3866.
Bd. 353, 193. Sitz. S. 6456 C. — Abgelehnt.

Widerspruch gegen die Gleichstellung der Separatisten mit den Föderalisten (Hannover):
Bd. 359, 335. Sitz. S. 10 588 C.

70 b) Einsetzung eines Ausschusses zur Vorbereitung der Neugliederung Deutschlands auf Grund der natürlichen, landschaftlichen Zusammenhänge sowie der wirtschaftlichen Bedürfnisse der Bevölkerung.
Antrag Aderhold u. Gen.: Bd. 364, Nr. 962.
Bd. 345, 35. Sitz. S. 1264 C, 1269 A. — Abgelehnt.

71 Zentralstelle für die Neugliederung Deutschlands, Aufgabenkreis:
Bd. 344, 17. Sitz. S. 582 B.
Bd. 353, 186. Sitz. S. 6265 D.

72 —, Stellung der preußischen Vertreter zu deren Arbeiten, Protokoll über die Sitzung des preußischen Staatsministeriums vom 2. Dezember 1920:
Bd. 356, 241. Sitz. S. 8233 A.

73 c) Entwurf eines Gesetzes zur Ausführung des Artikels 18 der Reichsverfassung: Bd. 371, Nr. 3553.

I. B.: Bd. 355, 225. Sitz. S. 7777 A. 224. Sitz. S. 7746 C (abgesetzt). Mündl. Ber. d. 22. Aussch.: Bd. 374. Nr. 4539.

II. B.: Änd.-Antr. Bd. 374, Nr. 4558, 4559. Bd. 356, 241. Sitz. S. 8220 A.

III. B.: Bd. 356, 243. Sitz. S. 8286 C.
245. Sitz. S. 8332 B (Abstimmung).

Gesetz vom 8. Juli 1922, RGBl. I S. 545.

Petitionen: Bd. 374 Nr. 4539 unter II. — Bd. 356, 245. Sitz. S. 8332 C.

74 Einzelnes.

Abstimmungsberechtigte, Begriff: Bd. 356, 241. Sitz. S. 8222 D, 8231 D, 8235 A, 8237 C, 8244 A.

Abstimmungen. Zählung bei A. in mehreren Ländern oder Landesteilen: Bd. 356, 241. Sitz. S. 8222 A.

Ausschluß der »Heimattreuen« von der Abstimmung: Bd. 356, 241. Sitz. S. 8222 D, 8230 D, 8237 C, 8244 A.

Abtrennungen, Frage der Bildung von Verwaltungsbezirken in den einzelnen Ländern: Bd. 356, 241. Sitz. S. 8222 B.

Berufung an den Staatsgerichtshof gegen Entscheidungen des Reichsministers des Innern bei Zulassungsanträgen: Bd. 356, 241. Sitz. S. 8231 B, 8238 A, 8240 B, 8244 B.

Eintragungsverfahren, geheime Vorabstimmung:
Bd. 356, 225. Sitz. S. 7779 D.
241. Sitz. S. 8222 C, 8225 C, 8230 C, 8235 A, 8237 A, 8245 B, 8246 D.

Initiativrecht der Reichsregierung zur Vornahme von Abstimmungen über Gebietsveränderungen, Frage der Verfassungsmäßigkeit:
Bd. 356, 225. Sitz. S. 7778 A, C, 7781 A, 7784 D, 7785 B.
241. Sitz. S. 8220 D, 8223 D, 8225 A, 8226 D, 8230 B, 8235 A, 8236 A, 8239 B, 8241 A, 8242 A, 8243 B, 8245 B, 8246 C.

Sperrfrist für Zulassung eines neuen Verlangens nach erfolgloser Abstimmung:
Bd. 356, 225. Sitz. S. 7778 B.
241. Sitz. S. 8222 B, 8225 C, 8231 A, 8236 D, 8243 D, 8246 B.

Stellung Preußens zum Gesetzentwurf:
Bd. 356, 241. Sitz. S. 8234 D.

75 4. Staatsbegriff, Staatsform.

a) Demokratische Republik.

Auffassung von Lassale und Engels gegenüber der neusozialistischen des Reichsministers Dr. Köster: Bd. 354, 203. Sitz. S. 6898 C.

Entwicklung des nationalen Gedankens:
Bd. 349, 109. Sitz. S. 3717 C.
110. Sitz. S. 3741 B.
112. Sitz. S. 3813 A, 3817 D.

76 b) Diktatur.

Rufe nach der Diktatur:
Bd. 361, 379. Sitz. S. 11 776 A, 11 787 B.
380. Sitz. S. 11 802 A, 11 820 A.
384. Sitz. S. 11 923 C.

386. Sitz. S. 11 967 B, 11 969 A.
387. Sitz. S. 12 038 C.
403. Sitz. S. 12 535 A.
409. Sitz. S. 12 743 D.

Völkische Diktatur, angebliche außenpolitische Gefahren (Einmarschabsichten verschiedener Mächte), Äußerungen Dr. Stresemanns in einer Rede in Dresden: Bd. 361, 404. Sitz. S. 12 560 D.

77 c) Monarchie.

Erweiterung der Rechte der Volksvertretung durch die Kaiserlichen Erlasse vom September und Oktober 1918: Bd. 354, 201. Sitz. S. 6815 B, 6823 A.

Stellung des bayerischen Bauernbundes:
Bd. 345, 27. Sitz. S. 1015 B.

— der Deutschen Demokratischen Partei:
Bd. 361, 403. Sitz. S. 12 535 B.

— der Deutschen Volkspartei:
Bd. 345, 32. Sitz. S. 1174 B.
Bd. 356, 236. Sitz. S. 8060 A.

— der Deutschnationalen Volkspartei:
Bd. 345, 23. Sitz. S. 839 C.
25. Sitz. S. 931 C.
32. Sitz. S. 1170 D, 1194 D, 1204 C.
Bd. 356, 246. Sitz. S. 8372 A.
Bd. 361, 391. Sitz. S. 12 173 D.

— der Unabhängigen Sozialdemokratischen Partei:
Bd. 345, 25. Sitz. S. 918 C.

78 d) Parlamentarisches Regierungssystem in Deutschland. Vorzüge, Mängel, Zusammenbruch:
Bd. 344, 4. Sitz. S. 69 A.
6. Sitz. S. 168 B.
Bd. 345, 25. Sitz. S. 917 A, 925 D.
Bd. 348, 79. Sitz. S. 2776 D, 2783 A.
80. Sitz. S. 2804 C.
84. Sitz. S. 2919 D, 2928 C, 2930 A.
Bd. 349, 96. Sitz. S. 3418 D.
97. Sitz. S. 3427 A, 3449 C.
98. Sitz. S. 3463 A.
Bd. 352, 151. Sitz. S. 5284 D.
161. Sitz. S. 5603 B.
Bd. 355, 220. Sitz. S. 7659 C.
Bd. 358, 305. Sitz. S. 9839 D.
307. Sitz. S. 9883 C, 9897 B.
Bd. 359, 349. Sitz. S. 10 914 C.
Bd. 360, 371. Sitz. S. 11 517 B.
Bd. 361, 379. Sitz. S. 11 776 C, 11 785 A, 11 787 C.
386. Sitz. S. 11 990 D, 11 998 B.
387. Sitz. S. 12 038 A, 12 057 D, 12 060 A, 12 062 B, 12 069 A.
389. Sitz. S. 12 128 A, 12 140 A, C.
391. Sitz. S. 12 174 A.
392. Sitz. S. 12 194 B, 12 204 D.
402. Sitz. S. 12 497 C, 12 507 B.
409. Sitz. S. 12 761 A.

Schwierigkeiten seiner Ausgestaltung wegen der Vielheit der Parteien, Notwendigkeit ihrer Berücksichtigung:
Bd. 344, 3. Sitz. S. 31 C.
4. Sitz. S. 52 C.
6. Sitz. S. 170 B.

Bd. 357, 273. Sitz. S. 9109 A, 9122 A.
274. Sitz. S. 9149 D.

Opposition, Aufgaben im parlamentarischen Regierungssystem:
Bd. 356, 248. Sitz. S. 8431 A.
Bd. 361, 395. Sitz. S. 12300 B, 12305 A, 12307 B, 12308 B.

79 e) Einheitsstaat oder Bundesstaat, Verhältnis von Reich und Ländern:
Bd. 344, 3. Sitz. S. 11 D, 13 A, 38 D.
4. Sitz. S. 67 B, 75 A.
5. Sitz. S. 112 D.
10. Sitz. S. 260 A.
11. Sitz. S. 290 B.
Bd. 345, 27. Sitz. S. 1009 C, 1010 A, 1014 A.
Bd. 354, 197. Sitz. S. 6663 D.
198. Sitz. S. 6685 C.
Bd. 355, 255. Sitz. S. 7783 B.
Bd. 357, 273. Sitz. S. 9105 B, 9119 C.
274. Sitz. S. 9162 C.
Bd. 358, 300. Sitz. S. 9692 D, 9699 B.
301. Sitz. S. 9717 B, 9719 A.
302. Sitz. S. 9730 B, 9749 B.
Bd. 361, 385. Sitz. S. 11940 A.
386. Sitz. S. 11959 B.
392. Sitz. S. 12189 D.
394. Sitz. S. 12297 C.
395. Sitz. S. 12301 D, 12315 B.
396. Sitz. S. 12343 B.
407. Sitz. S. 12671 C, 12673 A.

Auseinandersetzung zwischen Reichs- und Landesregierung in öffentlicher Sitzung des Reichstags:
Bd. 346, 42. Sitz. S. 1492 A, B, C.
43. Sitz. S. 1512 B, 1518 C, 1528 A.
45. Sitz. S. 1590 B.
Bd. 361, 393. Sitz. S. 12244 C.

80 5. Verfassungsänderungen. Häufung der Anträge; Zulässigkeit durch verfassungsändernde Gesetze:
Bd. 356, 236. Sitz. S. 8060 C.
Bd. 357, 260. Sitz. S. 8822 D.
Bd. 361, 386. Sitz. S. 12011 B.

81 6. Verteilung amtlicher Ausgaben der Verfassung an abgehende Schüler, Beigabe einer Vorrede:
Bd. 348, 80. Sitz. S. 2799 C, 2801 D.
84. Sitz. S. 2937 A, 2942 A
85. Sitz. S. 2953 B, 2957 A, 2963 A, 2968 C, 3003 C.

Entschließung Arnstadt u. Gen.: Bd. 365, Nr. 1618 unter II 2:
Bd. 348, 86. Sitz. S. 3029 D. — Abgelehnt.

I. Allgemeines.

90 Einsetzung eines Ausschusses von 28 Mitgliedern zur Nachprüfung der Reichsverfassung vom 11. August 1919, insbesondere hinsichtlich der Zuständigkeitsverhältnisse zwischen Reich und Ländern auf den Gebieten der Gesetzgebung und Verwaltung.
Antrag Dr. Scholz u. Gen.: Bd. 382, Nr. 56. — Unerledigt.

91 Forderung einer föderalistischen Verfassungsreform:
Bd. 381, 8. Sitz. S. 142 B, 147 D.

92 Möglichkeit oder Unmöglichkeit von Änderungen der Staatsform im Wege der Evolution:
Bd. 381, 18. Sitz. S. 654 D, 657 A, 658 B.

II. Einzelnes.

93 a) Änderung der Artikel 3 und 22 (Reichsfarben und Wahlalter).
Antrag (Gesetzentwurf) Dr. Scholz u. Gen.: Bd. 382, Nr. 54. — Unerledigt.

94 b) Aufhebung des Art. 18 (Gliederung des Reichs in Länder).
Antrag (Gesetzentwurf) v. Graefe (Mecklenburg) u. Gen.: Bd. 383, Nr. 364. — Unerledigt.

95 c) Änderung des Art. 22. Siehe unter a.

96 d) Ergänzung der Art. 21 und 53 (Aufsichtsratsposten von Mitgliedern des Reichstags, Reichskanzler und Reichsministern; Bekleidung besoldeter Nebenämter, Berufs- oder Gewerbeausübung durch Reichskanzler und Reichsminister).
Antrag (Gesetzentwurf) v. Graefe (Mecklenburg) u. Gen. Bd. 383, Nr. 484. — Unerledigt.

97 e) Änderung des Art. 38, Abs. 2 (Durchsuchung oder Beschlagnahme in den Räumen des Reichstags oder eines Landtags).
Antrag (Gesetzentwurf) Katz, Hoellein, Stoecker u. Gen. Bd. 381 Nr. 334. Bd. 381, 15. Sitz. S. 489 D, 507 C, 510 C, 513 C. — Unerledigt im 13. (Rechts-)Aussch.

98 f) Ergänzung des Art. 53 siehe unter d.

99 g) Änderung des Art. 180 (Wahl des ersten Reichspräsidenten).
Antrag (Gesetzentwurf) v. Graefe (Mecklenburg) u. Gen.: Bd. 382, Nr. 41. — Unerledigt.

100 h) Vertretung ausländischer geschlossener deutscher Siedlungsgebiete im deutschen Reichstag.
Antrag v. Graefe (Mecklenburg) u. Gen.: Bd. 381, Nr. 466 unter 2. — Unerledigt.

III. Wahlperiode 1924/25.

Tagung bis 12. August 1925. Drucksachen 1—1475.

101 Antrag Dr. Scholz u. Gen. Nr. 11 (Nachprüfung der Reichsverfassung). Unerledigt.

102 Verfassungsändernde Gesetze. Gutachten der Reichsminister des Innern und der Justiz über die Frage des Erlasses verfassungsändernder Gesetze: Nr. 592 S. 11/12.

103 Änderung der Art. 3 u. 22 (Reichsfarben und Wahlalter).
104 Antr. (Gesetzentwurf). Dr. Scholz u. Gen. Nr. 12.
Aufhebung des Art. 18 (Gliederung des Reichs in Länder), Antr. Dr. Scholz u. Gen. Nr. 13.

105 Änderung des Art. 28, Abs. 2 (Durchsuchung oder Beschlagnahme in den Räumen des Reichstags oder eines Landtags). (Antr. Gesetzentwurf.) Stoecker, Thälmann u. Gen. Nr. 228.

106 Änderung der Art. 35 (Immunität der Mitglieder der gemäß Art. 35 gebildeten Ausschüsse).

107 Antr. (Gesetzentwurf) d. 5. Aussch. (zur II. Ber. Rhs. 1925, Min. d. Inn.): Nr. 982 unter II a: I. Ber. 72. Sitz. S. 2252 B; 75. Sitz. S. 2360 D.

108 Ergänzung des Art. 36 (Mandatsmißbrauch von Abgeordneten, Amtsmißbrauch seitens des Reichskanzlers und der Reichsminister). (Inkomptabilität.) Antr. (Gesetzentwurf) v. Graefe (Mecklenburg) u. Gen.: Nr. 995.

109 Änderung des Art. 41 der Reichsverfassung (Wählbarkeit zum Reichspräsidenten). Antr. (Gesetzentwurf) Thälmann u. Gen. Nr. 635.

110 Einfügung eines Art. 77 a (Notverordnungsrecht der Reichsregierung). Gesetzentwurf zur Ergänzung der Reichsverfassung: Nr. 696.
I. B. 72. Sitz. S. 2251; 74. Sitz. S. 2300; 75. Sitz. S. 2360. —

B. Staatenausschuß bzw. Reichsrat

1919.

111 Verfassungsrechtliche Vorschriften.

Gesetz-Entwurf zur Überleitung . . . . Drucks. 1
VI., X. u. IV. Ausschuß überwiesen . . . . § 8
Beschlüsse . . . . § 11
Zustimmung . . . . § 48

112 Reichsverfassung.

Entwurf einer Verfassung des D. R. . . . . Drucks. 4
Beschluß . . . . § 24
Inkrafttreten . . . . § 540
Betrauung des Reichsministers a. D. Dr. Preuß für die weiteren
Arbeiten am Verfassungswerke mit der Vertretung des
113 Reichsministeriums . . . . § 410

Gesetz-Entwurf zur Ergänzung des Art. 34 des Entwurfs einer
114 Verfassung des D. R. . . . . Drucks. 64

X. u. XIV. Ausschuß überwiesen . . . . § 249a
Beschlüsse . . . . § 332
Gutachtliche Äußerung der Sächs. Reg. über die Bedeutung des
115 Art. 85 Abs. 4 der R. . . . . Drucks. 229

X. u. VII. Ausschuß überwiesen . . . . § 838c
Notenwechsel zwischen Deutschland und den alliierten und assoz.
Mächten und das in Versailles unterzeichnete Protokoll über
116 Art. 61 Abs. 2 der R. . . . . Drucks. 240

Zustimmung . . . . §§ 860, 972

117 Gesetzentwurf zur Ausführung des Art. 13 Abs. 2 der R. . . . . Drucks. 276

VII u. VIII. Ausschuß überwiesen . . . . § 950b

Reichsrat 1920.

Beschlüsse zur Drucks. 276 von 1919 . . . . § 89
Zustimmung . . . . § 257

118 Gesetzentwurf zur Ändg. des Art. 168 der R. . . . . Drucks. 220

VIII. Ausschuß überwiesen . . . . § 744d
Beschlüsse . . . . § 786
Zustimmung . . . . § 815c

119 Gesetzentwurf zur Ergänzg. des Art. 178 d. R. . . . . Drucks. 224

VIII. u. VII. Ausschuß überwiesen . . . . § 766a
Beschl. u. Zustimmung . . . . §§ 787, 815f

1921.

Gesetzentwurf zur Ausführung des Art. 146 Abs. 2 der R. (Ge-
120 meinschaftsschulen) . . . . Drucks. 60

III. u. V. Ausschuß überwiesen . . . . § 219d
Beschlüsse . . . . § 344
Gesetzentwurf zur Ausf. des Art. 18 d. R. . . . . Drucks. 101
VIII. u. VII. Ausschuß überwiesen . . . . § 344 f

1922.

121 Gesetzentwurf zur Ausf. des Art. 18 der R. . . . . Drucks. 101

S. a. 1921: . . . . § 334 f

	Beschl. u. Zustimmung	§§ 83, 627
	Verordnung auf Grund des Art. 48	§ 546
	Verordnung zur Ausführung des Art. 148 (Neugliederungsordnung)	Drucks. 271
122	VIII., V., VII. Ausschuß überwiesen u. Beschl.	§§ 913 c, 1143
123	Gesetzentwurf über das Ruhegehalt des Reichspräs.	Drucks. 268
	Beschl. u. Zustimmung	§§ 8871, 908, 10851
124	Gesetzentwurf Ändg. Art. 180 d. R. (Amtsdauerverlängerung des Reichspräs. bis 30. Juni 1925)	§ 916d
	1923.	
125	Antrag Thüringens zur Feststellung, ob die VO. des Reichspräs. v. 29. Okt. 1923 (RGBl. I S. 995) mit der R. zu vereinbaren ist	Drucks. 385
	Ausschuß überwiesen	§ 1232e
	Vom Reichstag eingebr. Gesetzentwurf zur Ändg. d. R. (Zustimmung)	§ 1358e
	1924.	
126	Denkschrift der Bayerischen Regierung zur Revision der Weimarer Verfassung	Drucks. 5
	Ausschuß überwiesen	§ 26
	1926.	
127	Bayer. Denkschrift über die fortschreitende Aushöhlung der Eigenstaatlichkeit der Länder unter der Weimarer Verfassung. Drucks. Nr. 98; 26. Sitzg. S. 284.	
128	Entwurf eines Gesetzes über die Prüfung der Verfassungsmäßigkeit von Vorschriften des Reichsrechts. Nr. 110 der Drucks.; 27. Sitzg. S. 292; 42. Sitzg. S. 442.	

C. Hinweis auf weitere Verhandlungen des Reichstags.

Im Sachregister zu den Verhandlungen des Reichstags, I. Wahlperiode 1920, siehe unter folgenden Schlagwörtern:

82 Ausnahmezustand S. 12 856—12 866.
83 Reichsfarben, Reichsflagge S. 13 107.
84 Reichspräsident S. 13 133/34.
85 Reichsrat S. 13 134.
86 Reichstag S. 13 135—13 142.
87 Reichsverwaltungsgericht S. 13 143.
88 Reichswirtschaftsrat S. 13 144.
89 Volksentscheid S. 13 207.

D. Sachregister zu den Materialien.

II. Verzeichnis des Schrifttums.

1. Einzelwerke.

Anschütz G., RVerf. 6. Aufl. Berlin 1927.
Baumgartner E., Das Reich und die Länder. Denkschrift über den Ausgleich der Zuständigkeiten zwischen dem Reich und seinen Ländern in Gesetzgebung und Verwaltung. Karlsruhe 1923.
Beyerle K., RVerf. 1919. München 1919.
Bendix, Grundsatzlosigkeit in beiden amtlichen Reichsverfassungsentwürfen mit Ergänzungs- und Abänderungsvorschlägen. Berlin. Verlag: Der Arbeiterrat. 1919.
Bilfinger, Der Einfluß der Einzelstaaten auf die Bildung des Reichswillens. Tübingen 1923.
Binding, Die staatsrechtliche Verwandlung des D. R. Leipzig 1919.
Bornhak C., Grundriß des Deutschen Staatsrechts. 7. Aufl. Leipzig 1926.
— RVerf. 1919. München 1921.
Bredt, Der Geist der Deutschen Reichsverfassung. Berlin 1924.
Bühler O., Die RVerf. Berlin 1922.
Coermann W., Die Verfassung des Deutschen Reiches. Regensburg (ohne Jahreszahl).
Curtius, Über die Einführung von Volksinitiative und Volksreferendum in die neuen Verfassungen der neuen Staaten. 1919.
Ebers, Verfassung des Deutschen Reichs. Amtliche Entwürfe. Beschlüsse des Verfassungsausschusses und endgültige Fassung in vergleichender Gegenüberstellung nebst der Reichsverfassung. Berlin 1919.
Engels, Der Präsident des deutschen Reichstags. Berlin 1918.
Erdmannsdörfer, Das Wahlrecht für den deutschen Reichstag. Reichsverlag 1920.
Finger A., Das Staatsrecht des Deutschen Reiches. Stuttgart 1923.
Fleiner, Beamtenstaat und Volksstaat. In der Festgabe für O. Mayer zum 70. Geburtstag. Tübingen 1916.
Friters, Revolutionsgewalt und Notstandsrecht. Berlin 1919.
Fromhold, Die rechtliche Bedeutung der deutschen Nationalversammlung. Greifswald 1919.
Giese F., RVerf. 1919. 7. Aufl. Berlin 1926.
— Grundriß des neuen Reichsstaatsrechts. 4. Aufl. Bonn 1927.
Glum F., Die staatsrechtliche Stellung der Reichsregierung sowie des Reichskanzlers und des Reichsfinanzministers in der Reichsregierung. Berlin 1925.
Grau R., Die Diktaturgewalt der Reichspräsidenten und der Landesregierungen auf Grund des Art. 48 der Reichsverfassung. Berlin 1922.
Hatschek J., Das Reichsstaatsrecht. Berlin 1924.
— Deutsches und Preußisches Staatsrecht. 2 Bde. Berlin 1922/23.
Heck K., Das parlamentarische Untersuchungsrecht. Stuttgart 1925.
Helfritz H., Allgemeines Staatsrecht. Berlin 1924.
Hönl Th., Staatszerstörender Parlamentarismus. Ein Beitrag zur Frage der Abgeordnetenimmunität. Heidelberg 1925.
Hubrich E., Das demokratische Verfassungsrecht des Deutschen Reichs. Greifswald 1921.
Hübner, Was verlangt Deutschlands Zukunft von der neuen Reichsverfassung? Halle 1919.
Hüsing, Die neue Wehrverfassung. (Rechtswissensch. Studien H. 6.) Berlin 1921.
Jacobi, Einheitsstaat oder Bundesstaat. Leipzig 1919.
Kaisenberg, Die Wahl des Reichspräsidenten. Berlin 1921.
— Frhr. v. Welser, Reichswahlgesetz und Gesetz über die Wahl des Reichspräsidenten nebst Reichswahlordnung. Berlin 1920.
Katte Ph., Für das Portefeuille eines Außenministers. Berlin 1925.
Kaufmann, Grundfragen der künftigen Reichsverfassung. Berlin 1919.
— Untersuchungsausschuß und Staatsgerichtshof. Berlin 1920.
Kelsen H., Allgemeine Staatslehre. Berlin 1925.
Korn A., Die Verfassung des Deutschen Reiches. Berlin 1919.
Lammers H. H., Das Gesetz über den Staatsgerichtshof vom 9. Juli 1921. Berlin 1921.
— Das Gesetz über den Staatsgerichtshof. Berlin 1921.
Lenel, Über die Reichsverfassung. Freiburg 1920.
Lobe, Die Gesetzgebung des Reichs und der Länder zum Schutze der Republik. Berlin 1923.
Lukas, Die organisatorischen Grundgedanken der neuen Reichsverfassung. Tübingen 1920.

Lusensky, Der neue Staat. 1920.
Freiherr Marschall von Bieberstein, Verfassungsrechtliche Reichsgesetze und wichtige Verordnungen. Mannheim 1924.
Meißner O., Grundriß der Verfassung und Verwaltung des Reichs und Preußens. Berlin 1922.
— Reichsverfassung 1919. Berlin 1919.
— Das neue Staatsrecht des Reichs und seiner Länder. Berlin 1921.
Nawiasky, Die Grundgedanken der neuen Reichsverfassung. München 1920.
Oeschey R., Verfassung des Deutschen Reichs. München 1919.
Poetzsch F., Reichsverfassung 1919. 2. Aufl. Berlin 1921.
Pohl, Die Auflösung des Reichstags. Stuttgart 1921.
Preuß, Artikel 18 der Reichsverfassung, seine Entstehung und Bedeutung. Berlin 1922.
— Deutschlands Staatsumwälzung. Die verfassungsmäßigen Grundlagen der deutschen Republik. Berlin (?).
Purlitz F., Reichsverfassung 1919. Leipzig 1920.
Quarck, Der Geist der neuen Reichsverfassung. Berlin 1919.
Saenger K., Reichsverfassung 1919. Berlin 1920.
Schack, Die Prüfung der Rechtmäßigkeit von Gesetz und Verordnung unter besonderer Berücksichtigung Preußens und des Deutschen Reichs. Berlin 1918.
Schaeffer-Weinmann, Grundriß des privaten und öffentlichen Rechts. Bd. XIII. Allg. u. Reichsstaatsrecht. 27./31. Aufl. Leipzig 1926.
Schätzel, Der Wechsel der Staatsangehörigkeit infolge der deutschen Gebietsabtretungen. Berlin 1921.
Schmidt, Die Grundlinien des deutschen Staatswesens. Leipzig 1919.
Schulze, Das Wahlrecht für die verfassungsgebende deutsche Nationalversammlung. Berlin 1918.
Schwarz O. G., Reichsstaatsrecht. 15./17. Aufl. Berlin 1925.
Seligmann, Die staatsrechtliche Stellung des deutschen Reichspräsidenten. 1912.
Smend, Maßstäbe des parlamentarischen Wahlrechts in der deutschen Staatsrechtstheorie des 19. Jahrhunderts. 1912.
— Die Verschiebung der konstitutionellen Ordnung durch die Verhältniswahl in der Festgabe der Bonner Juristenfakultät für Karl Bergbohm. Bonn 1919.
Stier-Somlo, Reichsverfassung 1919. 3. Aufl. Bonn 1925.
— Reichsstaatsrecht (Sammlung Göschen). Berlin 1927.
Waldecker, Deutsches Verfassungsrecht. Breslau 1926.
Venator, Unitarismus und Föderalismus im deutschen Verfassungsleben mit besonderer Berücksichtigung der Verfassung. Berlin 1921.
Waldecker, Allg. Staatslehre. Berlin 1917.
Walther, Das Staatshaupt in den Republiken. (Abhandlung aus dem Staats- u. Verwaltungsrecht. 14. H.). Breslau 1907.
Weiß B., Reichswahlgesetz. Berlin 1919.
Wittmayer, Die Weimarer Reichsverfassung. Tübingen 1922.
Zweigert E., Verfassung des Deutschen Reiches. Mannheim 1919.
Handbuch der Politik. Herausgeg. von Anschütz usw. 3. Bd. (3. Aufl.) Berlin 1921.
Zur Revision der Weimarer Reichsverfassung. Denkschrift der Bayer. Staatsregierung. Sonderdruck der Bayer. Staatszeitung. München 1924.
1925 siehe auch Jur. Wochenschrift 1925, II. Halbjahr, S. 2519;
1926 „ „ „ „ 1926, I. „ S. 1494;
1926, II. „ S. 2329.
1927 „ „ „ „ 1927, S. 488, 830.

2. Abhandlungen.

Adler, Rechtl. Verfassungsgarantien. (Prager jurist. Zeitschr. 1922, 41—46).
Altenberg, Gebietsänderungen im Innern des Reichs nach der neuen Reichsverfassung. (Archiv für öffentl. Recht. 40. B., 1921, 173).
Andres, Der Entwurf der Reichsverfassung. (Das Wort 1919, 4—9).
Anschütz, Wert der Verfassung. (Vossische Zeitung 1923, 14, VIII).
— Kommende Reichsverfassung. (D. Jur.-Ztg. 1919, 113—23).
— Aufbau der oberst. Gewalt im Entwurf der Reichsverfassung. (D. Jur.-Ztg. 1919, 199).
Apelt, Werden der neuen Reichsverfassung. (D. Jur.-Ztg. 1919, 205).
Arndt, Streitfragen aus der neuen Reichsverfassung. (Das Recht 1920, 193—98).
— Reichsverordnungsrecht seit dem Kriege. (Leipz. Zeitschr. 14. Jg., Nr. 12).

Arndt, Haben die Gerichte die Befugnis, die materielle Gültigkeit der Reichsgesetze zu prüfen? (Recht, 24. Jg., Nr. 9).
— Art. 14, 83 und 84 der Reichsverfassung und des Gesetzes über die Reichsverwaltung vom 10. Sept. 1919. (Jur. Wochenschr. 49. Jg., Nr. 8).
— Sind die deutschen Länder noch Staaten oder bloß Selbstverwaltungskörper? (Recht, 25. Jg., 1921, Nr. 9).
Beyerle, Zur Verfassungsfrage. (Allgem. Rundschau 1919, 16. Jg., 151).
— Verkündung der neuen Reichsverfassung. (Allgem. Rundschau 1919, 16. Jg., 455).
— Der vorläufige Staatsgerichtshof. (D. Jur.-Ztg. 1921, 26. Jg., 230).
— Reichsverfassung als Grundlage des staatsbürgerkundl. Unterrichts. (Staatsbürgerl. Erziehung. 1924, 172—223).
Binding, Der Entwurf einer Verfassung des Deutschen Reichs. (Recht und Wirtschaft 1919, 8. Jg., H. 4).
Bittner, Zur Frage der Verfassungswidrigkeit und Gesetzwidrigkeit der Vollzugsanweisung vom 25. März 1919. (Jurist. Blätter 1924, 21).
Bornhak, Grundfragen einer deutschen Verfassung. (Gesetz und Recht 1919, 20. Jg., H. 12).
— Die neue Reichsverfassung. (Deutsche Wirtschaftszeitg. 1919, XV., 489—595).
Braunwart, Verfassungsbeschwerden und Staatsgerichtshof. (Z. f. Rechtspflege in Bayern 1920, 16. Jg., 257—61).
Bredt, Verfassung und Armee. (D. Jur.-Ztg. 1919, 23. Jg., 757).
— Die Arbeiter- und Soldatenräte im neuen Verwaltungsrecht. (D. Jur.-Ztg. 1919, 24. Jg., 293).
Breiholdt, Die Abstimmung im Reichstag. (Archiv f. öffentl. Recht. N. F. 10. B. 289 bis 371).
Breit, Neue Reichsverfassung und ihre Einwirkungen auf das sächs. Landesrecht. (Sächs. Archiv für Rechtspflege. 1919, 249—57, 273—87).
Bühler, Die Eingangsformel unserer Reichsgesetze. (D. Jur.-Ztg. 1920, 25. Jg., 581).
— Sind die ordentlichen Gerichte verpflichtet, verfassungswidrige Gesetze anzuwenden? (D. Jur.-Ztg. 1921, 26. Jg., 580).
Cohen, Verfassung der deutschen Republik. (Sozial. Monatshefte 1919, 773).
Cunow, Revolution und Reichsverfassung. (Die neue Zeit 1919, 37. Jg., I, 289—94, 320—25, 436—44).
Delbrück, Rechte des Volkes nach der neuen Reichsverfassung. (Deutsches Recht, 9. Jg., H. 1).
— Die wichtigsten Fragen der Reichsverfassung. (Preuß. Jahrb. 1919, 175. Bd., 131—36).
Delius, Verfassungsfragen. (D. Jur.-Ztg. 1919, 24. Jg., 923).
—, Einwirkung der Reichsverfassung auf die Haftung des Reiches, Staats usw. für durch Beamte verursachte Schäden. (Jur. Wochenschr. 1920, 49. Jg., 135).
Graf zu Dohna, Zur Reichsverfassung. (Deutsche Stimme 1919, 601).
Dosenheimer, Reichsverfassung. (Das freie Wort 1919, 393—99; 1920, 122—27).
Dransfeld, Neue Reichsverfassung. (Die christl. Frau 1919, 54).
Drews, Reichsverwaltungsgericht. (D. Jur.-Ztg. 1921, 26. Jg., 86).
Dronke, Reichsverfassung und Personenstandsgesetz. (D. Jur.-Ztg. 1920, 179).
Düringer, Reichsverfassung. (Das Recht 1919, 143).
— Die Verfassung des Deutschen Reichs. (Recht und Wirtschaft 1919, 119, 143, 167; 1920, 167).
Dunkmann, Soziolog. Grundlagen der Reichsverfassung. (Staatsbürgerl. Erziehung. 1924, 224—40).
Eckstein, Art. 48 der Reichsverfassung. (Die Gesellschaft. 1924, 292).
Ehrhardt, Soziale Gedanken in der Verfassung des Deutschen Reichs. (Deutsch. Arbeit. 1919, 4. Jg., 433—39).
Ehringhaus, Wie kann die Untersuchung über die Reichsverfassung lebend gestaltet werden? (Monatsschrift für höhere Schulen. 1922, 159—63).
— Behandlung der neuen deutschen Reichsverfassung im Unterricht höherer Lehranstalten. (Lehrproben und Lehrgänge aus der Praxis der Gymnasien und Realschulen. 1920, 1. u. 2. H., 78—89; 1921, 3. u. 4. H., 58—63).
Elster, Von der Bedeutung der Grundpflicht der Reichsverfassung. (Deutsche Stimmen. 1919 766).
Elze, Zur Frage der Rechtsgültigkeit der außerordentlichen Gerichte. (Preuß. Verwaltungs-Blatt 44. B., Nr. 26).
Ephraim, Künftige Reichsverfassung und der gewerbl. Rechtsschutz. (Gewerbl. Rechtsschutz und Urheberrecht. 1919, 24. Jg., 85).

Ferdinand, Der neue Verfassungsentwurf. (Freies Deutschland. Sozial. Wochenschrift 1919, 14).
Finger, Der Staatsgerichtshof als Gericht über Anklagen des Reichstags gegen Reichspräsidenten, Reichskanzler u. Reichsminister. (Archiv für öffentl. Recht. N. F. 9. B. 289—313).
Francofürtensis, Kampf der Paulskirche um die Reichsverfassung. (Die deutsche Nation 1919. Jan. 33—38).
Freytag-Loringhoven v., Reichsverfassung und Wirklichkeit. (Konservative Monatsschrift 1922, März, 323—32).
— — Schulgesetz und Verfassungsänderung. (D. Jur.-Ztg. 1922, 27. Jg., 556).
— — Die deutschen Probleme und die Weimarer Verfassung. (Deutschlands Erneuerung 1923, VII., 265—70).
— — Verfassungsreform. (Deutsche Zeitung 1924, 3/I).
Friedberg, Preußen im Entwurf der künftigen Reichsverfassung. (D. Jur.-Ztg. 1919, 193—199).
Friedrichs, Die Verfassung des Deutschen Reichs. (Gesetz und Recht, 1920, 20. J., H. 20).
— Reichspräsident, Reichsregierung und Reichsrat. (Gesetz und Recht, 1921, 21. Jg., H. 4).
— Soziale und sozialistische Gedanken in und zu der Reichsverfassung. (Gesetz und Recht 1920, 20. Jg., 441—49).
Gebhard, Bedeutung des Art. 17 Abs. 1 der Reichsverfassung. (Bayer. Gemeinde- und Verw.-Z. 1923, 449—469).
— Reichsverfassung. (Bayer. Gemeinde- u. Verwalt.-Z. 1924, 30. Jg., 97, 441, 601, 671, 719, 742, 783, 806).
Gerland, Zur künftigen Reichsverfassung. (Preuß. Verwalt.-Blatt 1919, 40. Jg., 321).
Genzmer Reichswirtschaftsgericht und Reichsverwaltungsgericht. (Recht und Wirtschaft, 10. Jg., Nr. 7).
Giese, Staatsr. Grundgedanken der neuen Reichsverfassung. (Deutsche Revue 1919, April, 1—18).
— Reichsverfassung. (Frankfurter Universitäts-Ztg. 1920, V. Jg. 145).
Gmelin, Zur Frage der Einführung parlamentar. Regierung im Reiche. (Z. f. Politik 1918, 11. B., 294).
Götte, Einwirkung der Reichsverfassung auf die Auslegung von Gesetz und Rechtsgeschäft. (Das Recht, 1924, 26. Jg., 97).
Grau, Die Diktaturgewalt des Reichspräsidenten und der Landesregierungen. (Öffentl.-rechtl. Abhandlg. v. Triepel. Berlin 1922).
Grauert v., Reichsverfassungsfragen. (Allgem. Rundschau 1919, 16. Jg., 119).
Häkel, Neues Reichs- und neues Gemeindewahlrecht. (Liter. Rundschau für das evangel. Deutschland, 1919, 49—54).
Hamburger, Verlust der Parlamentsmitgliedschaft aus Gründen, die in der Person des Abgeordneten liegen. (Annalen d. D. Reichs 51. Jg., Nr. 7).
Hartmann, Der Einfluß der Reichsverfassung auf die Hamburg. Rechtspflege. (Hanseatische Rechtszeitschrift, 1920, II., 525).
— Zur Frage der Rechtsgültigkeit der Verordnung des Reichspräsidenten über die Bildung der ordentl. Gerichte. (Preuß. Verw.-Blatt 43. Bd., Nr. 50).
Hartung, Verfassungen der westl. Demokratien. (Staatsbürgerl. Erziehung, 1924, 283 bis 301).
Hashagen, Verfassungsgeschichte und Staatsrecht. (Historische Vierteljahresschrift 1922, 20. Jg., 187—213).
Hatschek, Vollzugsanweisungen nach dem neuen Verfassungsgesetz. (Zeitschr. f. Verwaltg. Wien 1919, 13).
Hedemann, Bedeutung der neuen Verfassung für das bürgerl. Recht. (D. Jur.-Ztg. 1919, 769).
Heile, Neue Verfassung. (Die Hilfe. 1919, 419).
Heilmann, Zum endgültigen Verfassungsentwurf. (Glocke, 1919, 4. Jg., I., 1502).
Heilmann, Das neue Grundgesetz. (Glocke, 1919, 4. Jg., I., 1365—70).
— Weimarer Verfassung. (Sozial. Glocke, 1919, 5. Jg., I., 577—84).
Herschel, Zum 11. August. — Neue Reichsverfassung. — (Deutsche Arbeit. 1920. V., 328—34).
Hertel, Das Reichswirtschaftsgericht. (Recht und Wirtschaft, 10. Jg., Nr. 7).
Heuß, Verfassungswerk. (Deutsche Politik, 1919, 131—34).
Hippel v., Zur Auslegung des Artikels 109, Abs. 9 der Reichsverfassung. (Arch. f. öffentl. Recht. N. F. 10. B. 124—152).

Hirschfeld, Der steuerrechtliche Inhalt der neuen Reichsverfassung. (Leipziger Zeitschrift 1919, XIII., 955).
Hoffmann, Problem der Reichsverfassung. (Die Grenzboten, 1919, Nr. 28).
— Reichsverfassung und gerichtl. Verfahren. (Leipz. Zeitschrift 1919, XIII., 362).
— Reichsverfassung der Paulskirche. (Deutsche Politik 1919, 13).
Hüfner, Streikrecht und Koalitionsrecht der Beamten. (Leipz. Zeitschr. 13. Jg., Nr. 17).
Jacobi, Die neue Reichsverfassung. (Steuerarchiv 1920, 22. Jg., 233).
— Art. 16 der Reichsverfassung und seine Anwendung. (Deutsche Jur.-Ztg. 1924, 430).
Jäckle, Wirtschaftliche Bestimmungen der Verfassung. (Der Reichsbürger 1919, 125).
Jastrow, Reichsverfassung und deutscher Sprachverein. (Preuß. Jahrb. 1919, 175. Bd., Februar, 256).
— Wie entsteht eine Verfassung? (Welt-Echo, 1919, 36).
Jellinek, Verfassungswidrige Reichsgesetze. (D. Jur.-Ztg. 1921, 26. Jg., 753).
Juchacz, Verfassung der deutschen Republik. (Die Gleichheit, 1919, 180, 194, 213).
Kämper, Neue Reichsverfassung. (Akadem. Blätter 1920, 34. Jg., 286).
Kahl, Untersuchungsausschuß und Staatsgerichtshof. (D. Jur.-Ztg. 1920, 25. Jg., 1).
Kaisenberg, Das Wahlprüfungsgericht beim Reichsgericht. (D. Jur.-Ztg. 1920, 25. Jg., 837).
— Art. 18 der Reichsverfassung. (Hamburger Fremdenblatt 1922, VI., 7).
— Die Rechtsprechung des Wahlprüfungsgerichts beim Reichstag. (Preuß. Verw.-Blatt Bd. 42, Nr. 18).
Karsten, Gesetzgebungsrecht des Rates der Volksbeauftragten. (D. Jur.-Ztg. 1919, 175).
Kaufmann, Das Wahlrecht zur deutsch. Nationalversammlung. (D. Jur.-Ztg. 1919, 24. Jg., 25).
— Verfassungsentwurf des Vereins „Recht und Wirtschaft". (Recht und Wirtschaft 8. Jg., H. 3).
Kittel, Der Reichseisenbahnvertrag (D. Jur.-Ztg. 1920, 25. Jg., 545).
Klee, Die Tätigkeit der Arbeiterräte und das ungeschriebene Recht der Revolution. (D. Jur.-Ztg. 1919, 24. Jg., 669).
Kleindienst, Verfassungspolit. Ergebnisse der neueren Verwaltungspolitik. (Bayer. Gemeinde- u. Verwaltg.-Z. 1924, 247, 266, 325, 366).
Koch, Grundrechte in der Verfassung. (D. Jur.-Ztg. 1919, 609).
Kranold, Gedanke der Produktivität in der neuen Reichsverfassung. (Sozial. Monatshefte, 1919, 974—82).
— Unitarismus und Partikularismus in der neuen Reichsverfassung. (Sozial. Monatsh. 1919, 853—58).
Kratzer, RV., BGB., StGB., StPO., GVG. Widersprechende Verfassungsgesetze. (Leipz. Zeitschr. 1920, XIV., 639).
Krebs, Deutsche Reichsverfassung und deutsche Katholiken. (Kathol. Korrespondenz. 14. Jg., N. F. 1920, I., 10).
Kronheimer, Der Streit zwischen Bayern u. dem Reich um Art. 48 der R.-Verf. (Archiv für öffentl. Recht. N. F. 7. B. 71—86).
Kühn, Verfassung von Weimar. (Deutschlands Erneuerung 1924, VIII., 236).
Kulemann, Eine verfassungswidrige Anfrage im Reichstag. (D. Jur.-Ztg. 1920, 25. Jg., 706).
Kunze, Art. 18 der Reichsverfassung. (Allgem. Rundschau 1924, 21. Jg., 205).
Lassar, Ein Beschluß des Reichsgerichts auf Grund des Art. 13 Abs. 2 der Reichsverfassung. (Archiv für öffentl. Recht, 1921, 40. B., 98).
Laurentius, Aus der Reichsverfassung. (Stimmen der Zeit 1920, 98. B., 265—81).
Lederer, Reichsverfassungsfragen, (Retzius: Biolog. Untersuchungen. N. F. 1919, 18. B., Nr. 2, 5—15).
Lindenau, Zum 50. Geburtstag der ersten Reichsverfassung. (Deutsche Jur.-Ztg. 1921, 259).
Lobe, Gesetzesverkündung im neuen Reich. (D. Jur.-Ztg 1920, 25. Jg., 898).
Lobeck, Symbolik des Szepters. (Deutsche Akademiereden 1923, 71—75).
— Hoffnungen welche sich an die Kgl. Verheißung einer freien Verfassung verknüpften. (Deutsche Akademiereden, 1923, 76—79).
Lotz, Die Beamten und ihre Vereidigung auf die Reichsverfassung. (D. Jur.-Ztg. 1919, 24. Jg., 1006).
Lucas, Das Reichswirtschaftsgericht. (D. Jur.-Ztg. 1920, 25. Jg., 671).
— Reich und Länder im Lichte des Art. 18 der Reichsverfassung. (D. Jur.-Ztg. 1922, 27. Jg., 539).
— Zur Auslegung des Art. 18 der Reichsverfassung. (Archiv f. öffentl. Recht, 1922, 42. Bd., 50; 1922, 43. Bd., 200).

Ludwig, Die beste Staatsverfassung. (Sächs. Kirchenblatt 1921, 68).
Lusensky, Verfassungsfragen. (Europ. Staats- u. Wirtschaftszeitung 1919, 173—85).
— Krebsgang der Reichsverfassung. (Europ. Staats- u. Wirtschaftszeitung 1919, 205—10).
Lympius W., v., Die neue Verfassung und Verwaltung im Reich und in Preußen. (Verwaltungsarchiv 1922, 29. B., 420).
Markull, Reichsverfassung. (Jahrbuch des Steuerrechts 1924, III., 12).
Mayer, Zur vorl. deutsch. Reichsverfassung. (Jur. Wochenschrift 1919, 48. Jg., 209).
Meinecke, Zum Entwurf der Reichsverfassung. (Deutsche Politik 1919, 135—40, 176 bis 80).
Meinhard, Bildung und Schule in der Reichsverfassung. (Göttinger Universitätszeitung 1923, II., Nr. 9, S. 4).
Merk, Neue Reichsverfassung. (Deutschlands Erneuerung, 1920, IV. Jg., 354—64).
— Neue deutsche Reichsverfassung. (Deutschlands Erneuerung 1920, IV. Jg., 275—83).
— Gebiet, Gebietsveränderungen und Grenzzeichen nach der Reichs- und der badischen Verfassung. (Archiv für öffentl. Recht. N. F. 8. B. 305—323).
Meisner, Kernprobleme des neuen Entw. der Reichsverfassung. (Die Grenzboten 1919. Nr. 5/6).
Mendelsohn-Bartholdy, Zur Verfassungsfrage. (Der neue Merkur 1919, Sonderheft, 26—35).
Miltner v., Entwurf einer Reichsverfassung. (Leipz. Zeitschrift 1919, XIII., 169).
Mittelstein, Die neue Reichsverfassung und die künftige Hamburg. Verfassung. (Hanseatische Rechtszeitschrift ,1920, II., 488).
Morgenstierne v., Englische Verfassung als Musterfassung. (Archiv für Rechts- und Wirtschaftsphilosophie, 1923, 16. B., 397, 403).
Morstein Marx, Parlamentarische Rechtsfragen von Verfassungsänderungen. (Hanseatische Rechtszeitschrift 1923, 389—92).
— Art. 13 Abs. 2 der R.-Verf. und der Streit um die richterliche Prüfungszuständigkeit (Archiv f. öffentl. Recht. N. F. 6. B. 218—225).
Müller, Empirische Lösungen. (Der Spiegel 1919, 2. u. 3. Heft).
— Synodalausschuß und Konsistorium im Verfassungsentwurf. (Sächs. Kirchenbl. 1921, 489).
Mumm, Die neue Verfassung. (Die rote Erde, 1919, I., Nr. 1).
Nawiasky, Der föderative Gedanke in und nach der Reichsverfassung. (Polit. Zeitfragen 1922, 3. Jg., 7. H.).
— Zur Frage des richterlichen Prüfungsrechts. (D. Jur.-Ztg. 1923, 28. Jg., 110).
— Die Auslegung des Art. 48 der R.-Verf. (Archiv f. öffentl. Recht. N. F. 9. B. 1—55).
Neuberg, Die neue Reichsverfassung. (Universum 1919, 35. Jg., H. 51, 278).
Ofner, Aus der Werkstatt des Verfassungs-Gerichtshofes. (Jur. Blätter 1922, 51. Jg., 145).
Oncken, Die deutsche Nationalversammlung 1848 und 1919. (Recht und Wirtschaft 8. Jg., H. 1).
Perels, Verkündungsmängel. (D. Jur.-Ztg. 1921, 26. Jg., 619).
Peters, Reichsverfassung. (Wissen und Wehr 1920, 38—53).
Piloty, Das Friedensangebot der Mittelmächte. (Archiv für öffentl. Recht 1917, 36. B., 261).
— Verantwortliche Regierung und persönliches Regiment. (D. Jur.-Ztg. 1918, 23. Jg., 649).
— Die Umformung der Reichsregierung und die Reichsregierung. (D. Jur.-Ztg. 1918, 23. Jg., 649).
— Der deutsche Reichstag. Ein Vorschlag der Bildung von zwei Häusern im Reichstag. (Archiv f. öffentl. Recht 1918, 38. B., 103).
— Verfassungsrechtliche Fragen. (Das Recht, 1919, 361—64).
— Verfassungsrechtliche Fragen. (Das Recht, 1920, 12—15).
— Der Streit zwischen Bayern und Reich über die Republikschutzgesetze und seine Lösung. (Archiv für öffentl. Recht, 1922, 43. B., 308).
— Verfassungsänderung ohne Änderung der Verfassungsurkunde. (Deutsch. Jur.-Ztg. 1923, 512).
Poetzsch, Grundrechte in der neuen Reichsverfassung. (Die deutsche Nation, 1919, Oktober 28—32).
— Die neue Reichsverfassung. (D. Jur.-Ztg. 1919, 707).
— Verfassungsmäßigkeit der vereinfachten Gesetzgebung. (Archiv für öffentl. Recht 1921, 40. B., 156).
— Das Urteil des vorläufigen Staatsgerichtshofs in dem Braunschweig. Verfassungsstreit über die Wahldauer der Landesversammlung. (Arch. d. öffentl. Rechte 1922, 43. B., 210).
Posse, Zur Verfassungsrevision. (Kölnische Zeitung 1924, 6., II.).
Preuß, Die Verabschiedung der neuen Reichsverfassung. (D. Allg. Ztg. Nr. 309, vom 1. Juli 1919).

Preuß, Neue deutsche Reichsverfassung. (Polit. und volkswirtsch. Chronik der österr.-ungar. Monarchie, 1919, 45).
— Aus der Denkschrift der neuen Reichsverfassung. (Der Spiegel, 1919, 2. u. 3. H.).
— Der Grundstein für Deutschlands Wiederaufbau. (D. Allgem. Ztg. 1919, Nr. 269, vom 4. Juni 1919).
— „Undeutsche" Reichsverfassung. (C.-V.-Zeitung. Blätter für Deutschtum und Judentum 1924, III., 69—71).
Quarck, Grundfragen der neuen Verfassungsarbeit. (Europ. Staats- und Wirtschaftszeitung 1919, 101—6).
Radbruch, Goldbilanz der Reichsverfassung. (Die Gesellschaft, 1924, 57—69).
Rathgen, Künftige Verfassung des deutschen Reichs. (Deutsche Gemeindezeitung 1919, 43, 55).
Retzbach, Deutsche christl.-soziale Gedanken in der neuen Verfassung. (Glaube und Arbeit, 1920, III., 422—30).
Rosenberg, Die Kompetenz-Kompetenz in der neuen deutschen Republik. (D. Jur.-Ztg. 1919, 24. Jg., 137).
Rosenkranz, Vaterländische Feier am Jahrestag der Reichsverfassung. (Christl. Welt, 1923, 365).
Rosenthal, Der staatsrechtliche Werdegang des Landes Thüringen. (D. Jur.-Ztg. 1920, 25. Jg., 380).
Rothebücher, Entwurf einer Reichsverfassung. (Ztschr. f. Rechtspflege in Bayern, 1919, XV. Jg., 65—70).
Sänger-Tänzler, Aufbau der neuen Verfassung und ihre politische Bedeutung. (Arbeitgeber 1919, 300).
— Die Revolution als Rechtsquelle. (Recht u. Wirtschaft 1919, 8. Jg., H. 1).
Sarter, Reichsverfassung und Verkehrseinheit. (Recht u. Wirtschaft 1920, VIII., 218 bis 20).
Schack, Die Frage der richterlichen Prüfung von Gesetz u. Verordng. während der Umwälzung im Reich bis zur Nationalversammlung und im zukünftigen Verfassungsrecht. (Annalen des D. Reichs 1919, 285).
— Zur richterlichen Prüfung der Rechtmäßigkeit der Gesetze u. VO. im neuen Reichs- und preuß. Recht. (Archiv d. öffentl. Rechts, 1921, 41. B., 163).
— Sind die Gerichte verpflichtet, verfassungswidrige Gesetze anzuwenden? (Beiträge zur Erläuterung des d. Rechts. 1922. N. F. III., 81—86).
Schanze, Bedürfen Reichsgesetze der Zustimmung des Reichsrats. (D. Jur.-Ztg. 1920, 25. Jg., 384).
Schelcher, Das parlamentar. System. (Archiv d. öffentl. Rechts, 1921, 41. B., 257).
Schmitt, „Einmaligkeit" u. „gleicher Anlaß" bei der Reichstagsauflösung nach Art. 25 der R.-Verf. (Archiv f. öffentl. Recht. N. F. 8. B. 162—174).
Schumann, Um die D. Reichsverfassung. (Der Kunstwart, 1919, 32. Jg., März, 143—48).
Schwalb, Das Gesetzgebungsrecht der revolutionären Regierung. (D. Jur.-Ztg. 1919, 24. Jg., 281).
Schwarz, Eine Lücke der Reichsverfassung. (D. Jur.-Ztg. 1920, 25. Jg., 219).
— Grundzüge der deutschen Reichsverfassung. (Wege und Ziele, 1921, II., 231—41).
Schwenke, Grundzüge der Verfassungsform. (Frauenfrage. Beil. Frauenberuf und Frauenerwerb. 1919, 21. Jg., 97—102).
Seyfert, Verfassung und Schule. (Die Hilfe, 1919, 370).
Specht, Geschichte der Weimarer Verfassung. (Das Wissen, 1920, XIII. Jg., 248).
Speck, Zum Entw. der neuen Reichsverfassung. (Allgem. Rundschau 1919, 16. Jg., 55).
Stier-Somlo, Die vereinigten Staaten von Deutschland. Ein Entwurf mit Begr. Tübingen 1919.
— — Grundfragen der Reichsverfassung. (Dtsch. Arbeit 1919, IV. Jg., 49—55).
— — Umgestaltung der Reichsverfassung. (Das Echo 1919, 36. Jg., 737).
— — Die künftige Verfassung des Deutschen Reichs. (Kölnische Ztg. 1919, Nr. 92, 96, 98).
— — Zur Frage des Unitarismus und Föderalismus im D. R. (Zeitschr. für die gesamte Staatswissenschaft 79. Jg., 4. H., 709—717).
Stiller, Verhältniswahl und Reichswahlgesetz. (Preuß. Verw.-Blatt 40. B., Nr. 9).
Strupp, Die Rechtsstellung des Reichstags nach der Revolution. (D. Jur.-Ztg. 1919, 24. Jg., 86).
Szirtes, Verfassungslehre und Gesellschaftskunde. (Recht u. Wirtschaft 1920, IX., 165).
Tecklenburg, Das Wahlrecht zur Nationalversammlung. (Archiv für Rechts- u. Wirtschaftsphilosophie Bd. 12, Heft 3).

Theisen, Verfassung und Richter. (Archiv f. öffentl. Recht. N. F. 8. B. 257—282).
Thimme, Reichsverfassung und der Föderalismus. (Deutsche Politik 1921, II. Jg., 819—825).
Thoma, Deutsche Verfassungsprobleme. (Annalen für soziale Politik 1919, VI., 409—439).
— Zur Frage des richterlichen Prüfungsrechts. (D. Jur.-Ztg. 1922, 729).
— Das richterliche Prüfungsrecht. (Archiv des öffentlichen Rechts 1922, 43. B., 267).
Triepel, Entwürfe zur neuen Reichsverfassung. (Schmollers Jahrbuch 1919, 43. Jg., 2. H., 55—106, 459 ff.).
— Der Entwurf des RG. über die Errichtung eines Staatsgerichtshofes. (D. Jur.-Ztg. 1919, 24. Jg., 366).
— Der Weg der Gesetzgebung nach der neuen Reichsverfassung. (Archiv d. öffentl. Rechts 1920, 39. B., 456).
Troeltsch, Die Verfassungskrise. (Der Kunstwart 1921, Okt., 25—32).
Venator, Volksentscheid und Volksbegehren im Reich und in Ländern. (Archiv d. öffentl. Rechts 1922, 43. B., 40).
Vervier, Grundlagen der Gegenwartsstaaten und Neuaufbau der deutschen Verfassungen. (Bl. f. administrative Praxis 1919, 69—102; 117—46).
Wach, Reichsverfassung und Justiz. (Jur. Wochenschrift 1920, 49. Jg., 4).
Waldecker, Zur augenblicklichen staatsrechtlichen Lage. (Jur. Wochenschrift 47. Jg., Nr. 15).
— Zum Budgetrecht der neuen Reichsverfassung. (Annalen des D. Reichs 57. Jg., Nr. 1).
Warmuth, Staatsgerichtshof und parlamentarischer Untersuchungsausschuß. (Gegenwartsfragen 3. Reihe, 3. Heft).
Weck, Deutsche Reichsverfassung und die Auslandsdeutschen. (Das Echo 1919, 36.—38. Jg., Nr. 1909).
Weißler, Einheitsstaat und Einheitsrecht. (D. Jur.-Ztg. 1919, 24. Jg., 296).
Wichert, Soziale Verfassung. (Europ. Staats- u. Wirtschaftszeitung 1919, 233—36).
Wilke, Die Staatsgerichtshöfe für das Deutsche Reich. (D. Jur.-Ztg. 1921, 26. Jg., 587).
Wittmayer, Unitarismus und Föderalismus in der deutschen Reichsverfassung. (Gerichtszeitung, Wien 1920, 185).
— Kritische Vorbetrachtungen zur neuen Reichsverfassung. (Archiv für öffentl. Recht 1920, 385—436).
— „Einmaligkeit" und „gleicher Anlaß" bei der Reichstagsauflösung nach Art. 25 der R.-Verf. (Archiv f. öffentl. Recht. N. F. 9. B. 87—90).
— Herrschaftliche und genossenschaftliche Elemente im deutschen und österreichischen Ministerialsystem. (Schmollers Jahrb. 42. Jg., 3. H.).
— Die Zukunft der deutschen Demokratie. (Zeitschr. f. d. gesamte Staatswissenschaft 79. Jg., 1. H., 16—39).
Wolf, Reichsverfassung und Privatrecht. (Leipziger Zeitschr. 1923, 16. Jg., 701—708).
Wolgast, Die auswärtige Gewalt des Deutschen Reichs unter besonderer Berücksichtigung des Auswärtigen Amtes. (Archiv für öffentl. Recht 1923, N. F., 5. B., 1).
Zewtz, Art. 148 der Reichsverfassung. (Die Hilfe 1922, 237).
Zorn, Die Staatsumwälzung im Deutschen Reich. (D. Jur.-Ztg. 1919, 24. Jg., 126).
— Revision und Reichsverfassung. (Hannover. Kurier, 18. März 1924).

Deutscher Volkswille u. die Reichsverfassung. (Nahrungs- u. Genußmittelmarkt 1919, 3—4).
Auf dem Wege zur neuen Reichsverfassung. (Hist. polit. Blätter für das kathol. Deutschland 1919, 163. B., 232—245).
Verfassung der deutschen Bundesrepublik. (Das Echo 1919, 36.—38. Jg., Nr. 1896, 1897, 1900, 1901).
Akademisches Interesse am Verfassungswesen. (Zeitschr. für Hochschulpädagog. 1920, XI., 10).
Reichsverfassung, staatl. Eingreifen u. kirchl. Ehrensache. (Protestantenblatt 1920, 43).
Die freieste Verfassung. (Das freie Wort 1920, 148—52).
Zu Art. 48 d. Reichsverfassung. (Blätter für administrative Praxis 1922, 129—135).
Deutsche Reichsverfassung. (Zeitschr. f. Rechtspflege 1923, 19. Jg., 145).
Verfassungsfragen. (Histor. polit. Blätter f. d. kath. Deutschland 1923, 171. B., 391—403).
Zum Ausbau der Verfassungsgerichtsbarkeit. (Neue Züricher Zeitung, 23. April 1924 u. ff.).
Gedanken zur bayer. Verfassungsdenkschrift. (Vossische Zeitung, 4. März 1924).
Verfassungskenntnis und staatsbürgerliche Bildung. (Magdeburger Zeitung, 13. Aug. 1924).

1925 siehe auch Jur. Wochenschrift 1925, II. Halbjahr S. 2520.
1926 „ „ „ „ 1926, I. Halbjahr S. 1494;
„ II. Halbjahr S. 2330.
1927 „ „ „ „ 1927, S. 488, 830.

Kolibri 360 GmbH
Ferdinand-Jühlke-Straße 7
99095 Erfurt, Deutschland
produktsicherheit@kolibri360.de